Carlos A. Schmitt

ELE ENXUGARÁ SUAS LÁGRIMAS

PARA VOCÊ QUE PERDEU UM ENTE QUERIDO

Paulinas

35ª edição – 2016
4ª reimpressão – 2023

Cadastre-se e receba nossas informações
www.paulinas.com.br
Telemarketing e SAC: 0800-7010081

Paulinas

Rua Dona Inácia Uchoa, 62
04110-020 – São Paulo – SP (Brasil)
📞 (11) 2125-3500
✉ editora@paulinas.com.br

© Pia Sociedade Filhas de São Paulo – São Paulo, 1975

"NINGUÉM MORRE
ENQUANTO PERMANECE VIVO
NO CORAÇÃO DE ALGUÉM."

"SABEMOS, COM EFEITO,
QUE QUANDO FOR DESTRUÍDA ESTA TENDA
EM QUE VIVEMOS NA TERRA,
TEMOS, NO CÉU, UMA HABITAÇÃO ETERNA,
QUE NÃO FOI FEITA POR MÃOS HUMANAS."

2Cor 5,1

"QUEM AMA O SENHOR
SENTIR-SE-Á BEM NO INSTANTE DERRADEIRO,
NO DIA DA MORTE SERÁ ABENÇOADO."

Eclo 1,13

Há sempre alguém nascendo. Há sempre alguém partindo.

Se é com meses de expectativa e carinho que aguardamos o novo componente de nossa família, inesperadamente também, às vezes, a morte nos rouba alguém, jogando-nos na angústia e no vazio de uma dolorosa separação.

E então, se nossa fé não for além dos horizontes materiais, se Deus não significar a certeza de nossa vida que se eterniza, se a ressurreição do Cristo não for protótipo da nossa, qual será nossa esperança, qual será nosso consolo?...

Para você, que chora a despedida de alguém, minha palavra de esperança e fé.

PARA VOCÊ QUE FICOU

Há momentos na vida em que as palavras humanas não conseguem dizer tudo o que deveriam.

Você está vivendo um momento desses, porque aquele que você amava partiu. O Senhor o chamou para junto de si, e você ficou só.

É exatamente para você — pai, mãe, irmão, esposo, esposa ou filho de quem partiu — que se dirige esta mensagem.

Você precisa da presença de um amigo que descubra com você novos horizontes para seus olhos cansados de chorar, para o coração inconformado com a perda de quem, a seu ver, não deveria ter partido ainda.

Sei que pouco dizem as palavras quando o sofrimento fala bem mais alto do que elas. Sei, porém, que a sua fé realiza maravilhas e você precisa lembrar que **sua vida continua**. Por isso mesmo, você precisa superar as lágrimas, por mais difícil que seja, e readquirir aos poucos o sorriso que fugiu do seu olhar.

— Você, **pai**, que de repente se vê rodeado apenas dos seus filhos, porque a morte levou a esposa...

— Você, **mãe**, que vê seu marido partir no momento em que você e os filhos mais precisam dele...

— Você, **filho**, que não consegue conformar-se de que, tão inesperadamente, a morte o surpreendesse, arrancando-lhe a presença amiga de seu pai ou de sua mãe...

— Você, **irmão e amigo**, que está privado de partilhar da companhia de quem tanto estimava, e sente a solidão se apoderar de sua alma...

— Você, **irmão anônimo**, que em qualquer parte deste mundo está enlutado...

Conte com minha presença e minha prece em sua dor...

CONSIDERAÇÕES INDISPENSÁVEIS

- **Chorar é humano.** É sinal de estima. De amor. De solidariedade. Chorar alivia. Por isso, não faz mal que você chore. Quando as lágrimas lavam o coração — porque ele ama — elas são uma bênção. Contudo, lembre-se, amigo, de que você precisa retornar à lide cotidiana. "Fortifique seu coração em Deus e erga os joelhos vacilantes", e retome sua vida. Há sempre alguém precisando de você.

- **Só a fé em Jesus Cristo é capaz de lhe dar o consolo que você procura.** Diante da morte, todos os argumentos terminam. Somos limitados demais para encontrar a resposta exata que o nosso coração almeja.

Para quem tem fé, a morte deixa de ser um fantasma e se torna a **condição indispensável para o encontro do ser humano com Deus**.

Para quem crê em Jesus Cristo, a morte é o começo da felicidade eterna, libertação de todas as amarras que prendem nosso corpo à terra. **É começo de tudo**, e não "fim de tudo", como infelizmente ousam afirmar incrédulos e materialistas.

A morte é para todos. Tanto você como eu seremos um dia chamados. E nem as mais avançadas técnicas conseguirão dominá-la.

Congelamento?...

Para morrer "um pouco mais tarde"?

Tratamentos infindáveis...

Para prolongar o sofrimento e adiar o desejo
de eternidade que mora em todas as pessoas?

O passo mais importante e decisivo que você vai dar um
dia (quando será?...) é o momento de sua morte.

Siga Jesus Cristo e confie nele. Há um lugar preparado para
você no céu.

PARA DEUS NADA É IMPOSSÍVEL

Se fôssemos apenas matéria, desapareceríamos no pó da terra e ninguém se lembraria mais de nós. Mas se você leva flores ao túmulo de quem ama (veja, eu disse "ama" e não "amou"), é porque dentro de você a vida de Deus fala bem mais alto que a descrença de quem pretende reduzir o ser humano ao nível das coisas.

O irmão que partiu não era objeto de carne, mas, sim, **pessoa**, criada à imagem e semelhança de Deus e, por isso mesmo, **possuidor de uma alma imortal**, de uma vida que não morre.

Para Deus nada é impossível. E foi Jesus Cristo quem no-lo disse e provou que Deus é o Senhor da vida e que **todos havemos de ressuscitar um dia**.

Certamente não é hora de discutir com você, nesta oportunidade, a maneira como se processa a ressurreição, se ela acontece no momento da morte ou no fim dos tempos. O que é essencial à sua fé é acreditar que Jesus Cristo ressuscitou e que, por esta razão, nós também ressuscitaremos.

Esta é a **certeza** que a fé nos dá:

"Eu sou a ressurreição e a vida.
Quem crê em mim, mesmo que morra, viverá."
Jo 11,25

E São Paulo nos exorta:

> "Cristo ressuscitou dos mortos como primícia dos que morreram. Porque se por um homem veio a morte, também por meio de um homem vem a ressurreição dos mortos."
>
> 1Cor 15,20-21

Isto, porém, é questão de fé. Se você não crê, vã é a sua esperança.

A DOR QUE SANTIFICA

Muitas vezes você já deve ter se perguntado por que certas pessoas ficam anos e anos sofrendo, até conseguirem morrer. À primeira vista, parece sem sentido o sofrimento de pessoas com doenças graves e incuráveis ou idosas que, lentamente, vão se consumindo, entre dores e provações.

A fé, porém, tem uma resposta para você:

— **A Paixão de Jesus Cristo veio dar um sentido novo à dor.** A partir da cruz, ela se tornou redentora. Santifica não apenas a quem sofre, mas a todos.

Em vista da eternidade, nossa vida é comparada "ao sopro do vento que passa", e por isso todo sofrimento é passageiro, quando nos lembramos dos infinitos tesouros que Deus reservou para aqueles que ama. Os justos são provados por Deus, diz a Escritura, e a dor os purifica de seus pecados, tornando-os semelhantes a Cristo.

> "Como se faz com o ouro no cadinho, Deus verificou o seu valor e os aceitou como vítima de holocaustos."
>
> Sb 3,6

A pessoa que sofre anos a fio e sabe aceitar com amor o seu sofrimento não santifica apenas a si, mas engrandece o

Corpo Místico de Cristo e faz a Igreja dos irmãos na fé crescer abundantemente.

A **pessoa inválida** não é uma constante ocasião que Deus lhe oferece para que você — que é perfeito de corpo e tem saúde — exerça a caridade?...

Você está inconformado, porque seu pai, sua mãe ou seu filho ficaram tanto tempo em sofrimento, e esquece que **Deus vê, melhor que você, o momento exato de chamar alguém.**

Creia, amigo: NADA ACONTECE EM VÃO NO MUNDO. Tudo está previsto por Deus. Nós é que, às vezes, não entendemos nada, porque somos pobres, limitados demais diante do mistério.

E A MORTE PREMATURA?

Você não acha que é bem mais difícil aceitar a morte inesperada, repentina, de quem vivia em plena mocidade, cheio de esperança e de sonhos?...

Mais uma vez nos defrontamos aqui com as nossas limitações e categorias humanas.

Deus não se pode enquadrar dentro de nossa lógica. Nem a eternidade cabe em nossas frágeis concepções de espaço e tempo.

Diante de Deus não vale tanto o número dos anos, mas o amor com que foram vividos.

> "O justo encontrará repouso ainda que morra prematuramente."
>
> Sb 4,7

> "Porque mil anos, diante de Deus, são como o dia de ontem, que já passou."
>
> Sl 89,4

Sem dúvida, se Deus o chamou — pouco importa de que modo, apesar de isso, muitas vezes, nos ferir profundamente o coração — é porque ele, como Pai, sabe o que é melhor para o ser humano, visto ter sido criado, **não para este mundo**, mas para a Pátria Celeste.

A Sagrada Escritura é clara e concisa:

> "Deus o levou para não deixar que o mal lhe corrompesse a inteligência, nem a falsidade lhe seduzisse a alma. Porque sua vida agradava ao Senhor, este, sem mais espera, de um mundo perverso o retirou."
>
> Sb 4,11-14

E o livro inspirado acrescenta: "E os povos viram-no, **sem entender**". Sem entender, como nós, que **a morte prematura pode ser um favor, uma graça de Deus para seus eleitos.**

Diante da Palavra de Deus, atual e viva, convido você a meditar sobre os desígnios do Senhor, e seu luto converter-se-á em esperança.

SITUAÇÕES HUMANAMENTE INCOMPREENSÍVEIS

Nem sempre, infelizmente, os que sofrem morte repentina, quer em desastre, quer de colapsos — pelo que ao menos sua vida permite constatar —, estavam bem preparados.

Só um coração de mãe entende o quanto é penoso ver aniquilado, de um momento para o outro, a vida-em-flor do filho que tanto estimava, mais ainda quando a morte o colhe inesperadamente, longe, quem sabe, de Deus, da Igreja, dos Sacramentos. Quantas lágrimas ocultas, quantas preces silenciosas, quantas súplicas ardentes não atendidas pelo filho! E agora, não há mais tempo para arrepender-se dos pecados, nem mesmo para receber a unção final.

E o que dizer de quem viveu honestamente, pai de vários filhos, e de repente o desespero toma conta dele, e ele se suicida, sem haver explicação alguma para um gesto tão extremo?

São casos que você conhece ou está vivendo. São humanamente incompreensíveis, pois **não cabe a nós julgá-los** e ninguém conhece o que, no derradeiro instante da vida, se passa entre o ser humano e Deus.

Nem por isso devemos facilitar com nossa própria vida, ou esquivar-nos de rezar por quem partiu. Temos o dever, como cristãos, de entregar nas mãos de Deus aqueles por quem fomos, direta ou indiretamente, responsáveis.

A ORAÇÃO PELOS QUE PARTEM

É por causa da fé na ressurreição que nossa prece pelos falecidos tem sentido.

É novamente Deus quem no-lo afirma, através da Escritura:

> "Se Judas Macabeu não esperasse **que haveriam de ressuscitar** os que tinham tombado, seria supérfluo e insensato rezar pelos mortos.
> É, pois, um santo e salutar pensamento rezar pelos mortos, para que sejam livres dos seus pecados".
>
> 2Mc 12,45-46

Ninguém precisa falar mais claro. É por isso que a Igreja faz a ENCOMENDAÇÃO DO CORPO, colocando o falecido sob a proteção de Deus. É por isso que — onde e quando for possível — celebra-se a MISSA DE CORPO PRESENTE, oferecendo ao Pai a paixão e a morte do Cristo, em favor da alma de nosso irmão.

Sempre que esta celebração acontecer, é bom que **todos os familiares do falecido participem da missa.**

A **missa de 7º dia** também é um ato importante. Mas não basta "mandar celebrar" a missa e pensar que, automaticamente, tudo está resolvido: que o defunto — mesmo que em vida, pouco ou quase nada tenha participado da Igreja — está salvo. Se é nossa obrigação rezar pelos falecidos, não pensemos, contudo, que isso lhes vai garantir o céu, **independente das obras boas que realizaram ou não realizaram, em vida.**

Você, que ainda não partiu, já deve ter concluído que é bem melhor **participar de missas agora**, antes de morrer, do que esperar que os outros "mandem celebrá-las por nós depois, quando, às vezes, pode ser tarde...".

A ORAÇÃO PELOS QUE FICAM

Assim, pois, como é agradável a Deus a oração e o sacrifício que você faz por aquele que partiu, assim também agrada a Deus você **rezar pelos que ficam**. Por que não celebrar, de vez em quando, uma missa pelos familiares do falecido, estes que ainda peregrinam neste mundo e precisam realizar, agora, a sua salvação?...

Sabemos que há uma **verdadeira comunhão** entre nós. A Igreja peregrina e os Santos: a Igreja triunfante. E por isso mesmo acreditamos tanto no auxílio que nós podemos prestar às almas do purgatório – a Igreja padecente – quanto na intercessão delas, ao Pai, por nós.

Para que tenhamos uma boa hora de morte, nada melhor do que uma vida bem vivida.

São Paulo nos adverte que

"exatamente por isso nos esforçamos, quer nos conservemos neste corpo, quer tenhamos que sair dele, em ser muito agradáveis a Deus".
"Com efeito, é necessário que todos nós compareçamos perante o tribunal de Cristo a fim de que cada um receba o que merece, por tudo aquilo que fez durante a vida, quer de bem, quer de mal."
2Cor 5,8-10

Ingmar Bergmann, no seu maravilhoso filme *Gritos e sussurros*, apresenta-nos uma belíssima oração, no momento da encomendação de Agnes:

> "Minha irmã, quando você estiver junto de Deus, **lembre-se de nós** que ainda peregrinamos neste mundo e precisamos da luz de Deus em nossos passos."

— Pelos que partiram e pelos que choram a sua ausência, rezemos ao Senhor!

A MORTE ETERNIZA
A VIDA PRESENTE

Estamos aqui por breve tempo. Com muito otimismo, diz o salmista:

> "Setenta anos é o total de nossa vida. Os mais fortes chegam aos oitenta. A maior parte deles, sofrimento e vaidade. Passam depressa e desaparecemos."
>
> Sl 89,10

A grande maioria não chega a isso. Crianças morrendo aos milhares; jovens ceifados pela guerra: tudo nos lembra a brevidade da vida e a incerteza da hora da morte.

"Cidadãos que somos do céu", como diz São Paulo, **é** contudo **aqui, na terra,** no trabalho e na oração do dia a dia, que construímos a nossa felicidade ou nossa desgraça.

Quem, aqui na terra, estiver unido a Deus, por uma vida de santidade e de justiça, vivendo o amor de Cristo até as últimas consequências, é lógico que estará eternamente unido a Deus, depois de sua passagem pelo mundo. Pois, como diz o Apóstolo,

"Quer vivamos, quer morramos, pertencemos ao Senhor."

Rm 14,8

Você não vê, por outro lado, que é lógico também o contrário?... Como é possível salvar-se alguém, isto é: POSSUIR ETERNAMENTE A DEUS depois da morte, se **antes** não o possuía ou dele nem queria saber?

O céu ou o inferno são consequência direta da vida que você leva na terra. A morte eterniza o **estado de vida e de opção** que você vinha levando. Portanto, lembre bem o que São Paulo diz:

"Agora é o tempo da salvação."

1 Cor 6,2

Se você espera salvar-se "depois", está muito enganado...

PREPARE-SE PARA O
GRANDE REENCONTRO

Não pense tanto no irmão que partiu; no vazio que deixou; na saudade que fere, **como na sua preparação para o reencontro.**

A morte é o começo de uma história de amor que você vai viver, eternidade afora, com Deus e com os irmãos. Por isso, prepare-se bem para esse dia.

Se de momento é difícil aceitar a separação, se há tantos mistérios circundando o seu coração intranquilo e infeliz pela perda do ente querido, volte seus olhos para Deus e faça uma prece de esperança na vitória final.

Você viverá um dia a alegria do grande reencontro. Total. Definitivo. Onde não mais haverá despedida. Onde não mais haverá separação.

— Você reencontrará o filhinho que partiu com poucos dias.

— Você reencontrará a esposa que tanto adorava.

— Você reencontrará seu pai, sua mãe.

— Você reencontrará aquele amigo que lhe custou as lágrimas mais sentidas.

SERÁ O DIA DA GRANDE FESTA.

E não mais haverá medo, nem pranto.

Apenas alegria, apenas AMOR.

> Prepare-se, amigo, para este dia. Esqueça as lágrimas e olhe para frente. Viva profundamente o amor a Deus e ao próximo, **e você passará da morte para a vida,** porque amou seu irmão.
>
> Cf. 1Jo 3,14

Então você poderá dizer, exultante de júbilo:

> "Na minha própria carne verei a Deus. Eu mesmo o contemplarei com os meus próprios olhos."
>
> Jo 19,27

ELE ENXUGARÁ SUAS LÁGRIMAS

Sobre o túmulo ficaram as flores, em sinal de adeus. Os amigos estão se retirando. Apenas você e os seus, junto ao sepulcro. As lágrimas persistem, teimosas, lavando sua face.

É então que você, erguendo seus olhos doloridos, fixa-os na cruz que sobressai entre as flores, e lembra a promessa que o Senhor nos fez por meio de São João:

> "Haverá um novo céu e uma nova terra, porque o primeiro céu e a primeira terra desapareceram. E Deus enxugará toda lágrima de seus olhos."
>
> Ap 21,1.4

Sim, meu amigo: **ELE ENXUGARÁ SUAS LÁGRIMAS.** Ninguém melhor do que ele, para compreender a sua dor. Não queira, pois, revoltar-se, se você não compreende o porquê de tudo que sucedeu. Deus, nosso Pai, sabe o que faz. Ele velará por você e não o deixará sozinho.

Pois, um dia,

> "O Senhor Deus aniquilará para sempre a morte, e enxugará as lágrimas de todas as faces, tirando da terra o opróbrio do seu povo."
>
> Is 25,8

Creia nisso, meu irmão, e sua tristeza transformar-se-á, muito em breve, em alegria. Seu luto é provisório. Sua dor é passageira. SÓ A ALEGRIA, QUE O SENHOR LHE RESERVOU, PERMANECE ETERNAMENTE.

Sumário

PARA VOCÊ QUE FICOU..9

CONSIDERAÇÕES INDISPENSÁVEIS............................ 11

PARA DEUS NADA É IMPOSSÍVEL 13

A DOR QUE SANTIFICA.. 15

E A MORTE PREMATURA? 17

SITUAÇÕES HUMANAMENTE
    INCOMPREENSÍVEIS... 19

A ORAÇÃO PELOS QUE PARTEM 21

A ORAÇÃO PELOS QUE FICAM 23

A MORTE ETERNIZA A VIDA PRESENTE.................... 25

PREPARE-SE PARA O GRANDE REENCONTRO 27

ELE ENXUGARÁ SUAS LÁGRIMAS 29

Rua Dona Inácia Uchoa, 62
04110-020 – São Paulo – SP (Brasil)
Tel.: (11) 2125-3500
http://www.paulinas.com.br – editora@paulinas.com.br
Telemarketing e SAC: 0800-7010081